W0220783

CLV

William MacDonald

Nichts für schwache Nerven
– ein Blick in die Zukunft

clv

Christliche
Literatur-Verbreitung
Postfach 110135 • 33661 Bielefeld

1. Auflage 2003

© 2003 by CLV · Christliche Literatur-Verbreitung
Postfach 110135 · 33661 Bielefeld
Internet: www.clv.de
Übersetzung: Linda Feil
Satz: CLV
Umschlag: Dieter Otten, Gummersbach
Druck und Bindung: Ebner & Spiegel, Ulm

ISBN 3-89397-523-3

Inhaltsverzeichnis

Vorwort

Der 11. September hat gezeigt, wie schnell ein einziges Ereignis die Welt verändern kann. Prognosen deuten auf weitere Veränderungen und riesige Umwälzungen. Stehen wir am Vorabend des dritten Weltkrieges? Was wird noch auf uns zukommen? Mit Antworten auf diese Fragen wird manipuliert, verführt, und viel Geld gemacht.

Seit der Katastrophe von New York werden nicht nur weitere Vorhersagen, sondern auch viele Verschwörungstheorien verbreitet. Beunruhigend daran ist, wie wenig Wahrheit sie enthalten, und wie gerne sie geglaubt werden.

Q33NY soll die Flugnummer von einem der gekaperten Flugzeuge sein, die am 11. September verwendet wurden. Angeblich entdeckte man, wer hinter dem Anschlag steckte. Man gab Q33NY in MS Word ein, wählte die Schriftart Wingdings und vergrößerte auf 48 Punkte.

Plötzlich erschien ein Flugzeug, zwei Türme, ein Totenkopf und ein Davidstern. Aber: In Wirklichkeit existiert diese Flugnummer überhaupt nicht. So eine Meldung ist kein harmloser Gag, sondern ein Versuch, gegen die Juden zu hetzen. Solche Theorien sind gefährlich wie Fehlprognosen, weil sie nicht den Tatsachen entsprechen und weil sie zu falschen Aktionen auffordern.

Welche Aktionen sind denn gefragt? Das versucht jeder herauszufinden. Die Menschen sind auf der Suche nach Lösungen für die Politik, die Geschäftswelt, Familie und, wenn es einmal still ist, für das eigene Herz. Die Fragen bleiben. Was ist die Lösung der drohenden Konflikte? Freie Marktwirtschaft? Demokratie? Bildung? Wissenschaft? Unterhaltung? Flucht in die Einsamkeit vor dem Bildschirm? Politiker und Manager lassen sich für viel Geld von Wahrsagern beraten. Horoskope werden erstellt. Wissenschaftler liefern Prognosen. Zukunftsforscher geben ihre Ratschläge. Aber die Zukunft bleibt verborgen. Im Internet schoss »Nostradamus« nach dem 11. September auf Platz eins von den meist gesuchten Begriffen. Auch das hilft nicht weiter, denn Popularität geht nicht immer Hand in Hand mit Realität.

Die Wahrheit solcher Vorhersagen wird sich herausstellen. Da sie sich widersprechen, können ja nicht alle richtig sein.

Eine hilfreiche Quelle in Sachen Zukunft ist die Bibel. Sie schlägt keinen Gewinn aus ihren Zukunftsprognosen. Der Autor erhält keinen Lohn, und verdient nichts an den Filmrechten, obwohl viele Klassiker auf den Berichten und Vorhersagen der Heiligen Schrift beruhen. Die Ereignisse der Vergangenheit und Zukunft werden verständlich beschrieben. Wir lesen von Entrückung, großer Trübsal, Weltfrieden, der Wiederherstellung aller Dinge und vom Strom des Lebens. Der alte Lebensraum wird nicht nur verbessert und repariert, sondern es kommt ein neuer Himmel und eine neue Erde.

Don Collier schrieb darüber: »Dieses Buch hat uns viel zu sagen über heute und morgen. Zu seinen Zukunftsforschern gehören Jesaja, Jeremia, Hesekiel, Daniel, Sacharja, Johannes und Jesus selbst. Unerschrocken sagten sie die Zeit voraus, in der wir uns jetzt befinden – und die Zeiten, die noch vor uns liegen. Sie setzten sich wachen Geistes mit den gleichen moralischen Phänomenen auseinander, die uns den AIDS-Terror eingebracht haben, sowie die staatlich geförderte Ermordung von zigtausend Babys pro Tag, und eine Scheidungsrate von fünfzig Prozent. Hatten die Zukunftsforscher in der Bibel recht? Welches Zeugnis kann man ihnen ausstellen?«

Die Bibel ist 3500 Jahre alt; diese Zeit reicht, um ihre prophetischen Aufzeichnungen einer Prüfung zu unterziehen. In dieser Hinsicht nannte sie Wilbur

Smith das bemerkenswerteste Buch, das je entstanden ist. Sie enthält Prophezeiungen über viele Nationen, aber auch über Israel, Einzelpersonen, Städte, und vor allem auch über Christus. Kein anderes Buch kann eine solch große Anzahl von Prophetien aufweisen, die vorhergesagt und dann erfüllt worden sind.

Thomas Urquhart betonte, »dass Prophezeiungen in der Bibel sich nicht mit einem einzigen Merkmal einer Person oder eines Ortes begnügen. Sie geben uns ein Merkmal nach dem andern, so dass sie zusammen das eigentliche Bild ergeben. Wenn nur ein oder zwei Eigenschaften in Erfüllung gingen, könnten es die Leute dem Zufall zuschreiben. Aber wenn viele Beschreibungen buchstäblich in Erfüllung gehen, ist es unlogisch, das dem Zufall in die Schuhe zu schieben.«

Die beeindruckendsten Prophezeiungen der Bibel, die sich schon erfüllt haben, beschreiben das Leben Jesu Christi. Sie haben sich in allen Einzelheiten genau so zugetragen, wie sie mehrere Jahrhunderte vorher von den Propheten aufgeschrieben worden sind. Auf diese Weise haben sich über 100 Vorhersagen im Leben Jesu Christi erfüllt. Zufall? Der Wissenschaftler Peter Stoner hat in seinem Buch »Science Speaks« dargelegt, wie hoch die mathematische Wahrscheinlichkeit ist, dass sich auch nur acht der Prophezeiungen im Leben eines Menschen erfüllen: »... Wir sehen also, dass die Chance der Erfüllung aller acht Prophezeiungen in einem beliebigen Menschen $1:10^{17}$ ist.« Stoner vergleicht damit die Menge der Dollarmünzen, die man braucht, um den Staat Texas 60 cm tief zuzudecken. Eine Münze wird markiert und mit den anderen vermischt. Dann erhält ein Blinder den Auftrag, Texas zu durchwandern und eine Münze zu ziehen. Die Chance, dass er die markierte Münze zieht ist die gleiche, als wenn alle acht Voraussagen über Christus sich im Leben einer Person erfüllen.

Die Zuverlässigkeit der Voraussagen der Bibel hat sich also erwiesen. Da die Voraussagen über die Vergangenheit schon eingetroffen sind, liegt es nahe, dass sich auch die über die Zukunft noch erfüllen werden. Deshalb soll die Heilige Schrift auch eine Richtlinie in Sachen Zukunft sein. Wenn wir uns damit beschäftigen, werden wir feststellen, dass diese Zukunft schon begonnen hat.

Andreas Lindner

Was steht uns bevor?

Zur Zeit liest und hört man zunehmend von Begriffen wie »Harmagedon«, »3. Weltkrieg«, »Weltuntergang«, »Jüngstes Gericht«, »Wiederkunft Christi«, – in welcher Reihenfolge werden sich all diese Dinge in der Zukunft abspielen?

Fahrplan in die Zukunft

Es muss gar nicht sein, dass über das uns Bevorstehende Zweifel, Verwirrung und Missverständnisse herrschen. In der Bibel finden wir ein klares und exaktes Panoramabild von der Zukunft. Hier sind beispielsweise sieben Hauptereignisse, die eintreten werden. Nach ihrer Aufzählung werden wir jedes einzeln im Detail behandeln.

Die Entrückung der Gemeinde
Die Zeit der Trübsal
Das zweite Kommen Christi
Die 1000-jährige Herrschaft Christi
Das Ende der jetzigen Welt
Die neuen Himmel und die neue Erde
Das Gericht vor dem Großen Weißen Thron

Auf einmal nicht mehr da sein – die Entrückung

Was ist die Entrückung? Es ist die Zeit, wenn Christus vom Himmel herabkommen wird in unsere Atmosphäre. Alle, die im Glauben an Ihn gestorben sind, werden mit verklärten Leibern aus den Gräbern auferstehen. Auch alle lebenden Gläubigen werden verklärte Leiber bekommen. Miteinander werden sie emporgehoben werden, um in der Luft dem Herrn zu begegnen und mit Ihm zum Himmel zurückzukehren. Das ist das nächste Ereignis in Gottes prophetischem Plan.

Die Bibel gibt uns noch andere Informationen über die Entrückung.

Sie ist sicher. Christus, der Sohn Gottes, sagte: »Ich werde zurückkommen.« Nichts ist so sicher wie Sein Wort.

Sie ist bedrohlich nahe. Das bedeutet, dass sie jederzeit stattfinden könnte. Niemand weiß Tag oder Stunde. Keine einzige Prophetie müsste vorher noch in Erfüllung gehen. Noch nie in der Weltgeschichte haben so viele Dinge auf Sein unmittelbar bevorstehendes Kommen hingedeutet.

Sie wird eine Überraschung sein. Es gehen ihr keine Zeichen voraus. Sie wird gerade dann geschehen, wenn die Menschen am wenigsten danach Ausschau halten.

Sie wird sich plötzlich ereignen. Die Bibel sagt, dass in einem Moment das Ganze vorbei sein wird – in einem Augenblick. So wird die Welt nicht mitbekommen, was passiert ist. Deshalb wird oft von der »heimlichen Entrückung« gesprochen.

Sie wird ein Zeitpunkt der Trennung sein. Genauso, wie ein Magnet Metallstücke von Hobelspänen trennt, wird das Kommen Christi die Gläubigen von Ungläubigen trennen. Nur die, welche in Christus sind, ob lebendig oder tot, werden zum Himmel gezogen. Alle Ungläubigen werden zurückbleiben.

Sie wird für viele die »Möglichkeit der Errettung« beenden. Die, welche das Evangelium gehört und abgelehnt haben, werden dann lieber der Lüge des Antichrists glauben, nämlich, dass er Gott sei.

Keine Zeit für schwache Nerven – die Trübsal

Auf die Entrückung folgt die Zeit der Trübsal. Weil dann alle Gläubigen weg sind, wird sich der Zustand auf der Weit rapide verschlechtern.

Die Trübsal ist eine Periode von sieben Jahren, wobei sich die Not auf der Erde immer mehr zuspitzt. Die Schlagzeilen werden voll sein von Nachrichten über Kriege, Hungersnöte, Seuchen, Erdbeben, Anarchie und Gewalttaten. In dieser ganzen Zeit wird Gott Seinen Zorn ausgießen über eine Welt, die Seinen Sohn verworfen hat.

Es wird noch nie da gewesene Umwälzungen in der Natur geben. Furchtbare Katastrophen und erschreckendes Unheil, Hagel und Feuer mit Blut vermischt werden auf die Erde fallen. Ein Drittel des Meeres wird zu Blut werden und ein Drittel der Lebewesen im Meer werden sterben.

144 000 Juden Glauben an Jesus als ihren Messias und werden Gottes Beauftragte sein, das Evangelium vom Reich Gottes zu predigen. Sie werden die Menschen zum Glauben an den Herrn Jesus aufrufen, damit diese bei der Wiederkunft Christi in Sein

Reich eingehen. Einige Juden und Heiden werden den Herrn Jesus als Heiland aufnehmen und hart verfolgt werden.

Die Generation der Trübsal wird den Aufstieg des Antichrists erleben, ein mächtiger Weltbeherrscher, der sich gegen Christus stellen und verlangen wird, anstelle von Christus angebetet zu werden. Es wird gesetzlich vorgeschrieben sein, dass alle das Zeichen des Tieres (666) tragen müssen. Wenn sie nicht einwilligen, werden sie weder kaufen noch verkaufen können. Viele werden den Märtyrertod erleiden.

Die letzten dreieinhalb Jahre sind unter dem Namen »Große Trübsal« bekannt. Das wird die schlimmste Zeit der Unruhen, Verfolgungen und Leiden sein, die die Welt je gekannt hat oder kennen wird. Wenn die Tage nicht verkürzt würden, würde kein Mensch gerettet werden. In diese Zeit wird die Schlacht von Harmagedon fallen. Harmagedon ist jedoch nur eine von mehreren Schlachten.

In einer anderen Schlacht wird eine einmarschierende Armee aus dem Norden auf den Bergen Israels eine vernichtende Niederlage durch die Hände des Herrn erfahren. Liegengelassene Munition wird für Israels Städte sieben Jahre lang Heizmaterial liefern. Es wird sieben Monate in Anspruch nehmen, all die menschlichen Überreste im Tal Hamon Gog zu begraben.

In einer anderen Schlacht werden die Pferde bis zum Zaumzeug im Blut waten.

Die Lage wird so entsetzlich sein, dass Menschen die Berge anflehen werden, auf sie zu fallen, um sich vor dem Angesicht des Einen, der auf dem Thron sitzt, zu verbergen.

Ein Drittel der Menschheit wird mit einem Mal umkommen. Die, welche den Antichrist anbeten, werden mit ekligen, bösartigen Geschwüren bedeckt sein.

Blut wird die Flüsse und Quellen verseuchen. Die Menschen werden vor Schmerzen ihre Zungen zerbeißen. Durch eine gestörte Sonneneinstrahlung werden schwere Hautverbrennungen entstehen. Hagelsteine, die hundert Pfund wiegen, werden auf die Erde krachen. Es wird eine Zeit ungemilderten Schreckens und Entsetzens sein. Den Menschen wird vor Angst das Herz versagen. Völker werden vor Kummer erstarren.

Die Menschen werden zu den Bergen fliehen, um dort Zuflucht zu suchen, aber es wird kein Entrinnen geben. Nirgends wird ein Versteck sein.

»Deshalb auch ihr, seid bereit. Denn die Stunde, in welcher ihr es nicht meint, kommt der Sohn des Menschen« (Matthäus 24,44).

Zugrundeliegende Bibelstellen: Jeremia 30,7; Daniel 9,27; Matthäus 24,4-28; Lukas 21,25-26; Offenbarung 6,1-29,10.

Es ist schön, einen guten Bekannten zu treffen ... Sein zweites Kommen

Vor dem zweiten Kommen Jesu wird es am Himmel Zeichen geben. Die Sonne wird verfinstert werden, der Mond wird nicht mehr scheinen, Sterne werden vom Himmel fallen und Planeten ihre Bahn verlassen. Das wird gewaltige Naturkatastrophen auf der Erde auslösen.

Dann wird der Menschensohn mit Macht und großer Herrlichkeit erscheinen, auf einem weißen Pferd reitend und den Titel tragend »König der Könige und Herr der Herren«. Sobald Seine Füße den Ölberg berühren, wird der Berg erzittern und sich spalten.

Sein Erscheinen wird auf der ganzen Welt zu sehen sein. »Gleichwie der Blitz ausfährt von Osten und scheint bis gen Westen, also wird die Ankunft des Sohnes des Menschen sein.«

Seine Heiligen werden mit ihm kommen – all die, die an den Herrn geglaubt haben, von der Morgendämmerung menschlicher Geschichte an.

Der erste Punkt Seiner Tagesordnung wird die Vernichtung Seiner Feinde sein. Wie der Apostel Paulus schrieb, wird Er kommen »in flammendem Feuer, wenn er Vergeltung übt an denen, die Gott nicht kennen und an denen, die dem Evangelium unseres Herrn Jesus Christus nicht gehorchen«. Diese Menschen werden »ewige Strafe leiden, Zerstörung weg vom Angesicht des Herrn und von der Herrlichkeit seiner Macht«.

Wenn Er alle Feinde entfernt haben wird, wird Er Sein Königreich auf dieser Erde aufrichten.

»Siehe, Er kommt in den Wolken, und jedes Auge wird Ihn sehen, auch derer, die Ihn durchstochen haben.«

Zugrundeliegende Bibelstellen: Sacharja 14,4; Maleachi 4,1-3; Matthäus 24,27-31; Apostelgeschichte 1,11; 1. Thessalonicher 3,13; 2. Thessalonicher 1,7-10; 1. Petrus 1,7; 4,13; Offenbarung 1,7; 19,11-16.

Endlich Friede auf Erden – Das Tausendjährige Reich

Am Ende der vorigen Periode wird Satan in der Hölle (im Abgrund) von einem Engel gefangen gelegt werden.

Das Tausendjährige Reich bedeutet tausend Jahre lang Friede und Wohlergehen, die Erde wird fruchtbar und ertragreich sein, und die Wüste wird »jauchzen« und blühen wie eine Rose. Selbst die Gipfel der Berge werden so fruchtbar sein wie die Ebenen.

Die Bevölkerungsexplosion wird kein Problem sein, da für jeden Nahrung da sein wird. Die Erde wird zwölfmal im Jahr eine Ernte hervorbringen. In seiner Eile wird der Pflüger den Schnitter überholen, um den Boden für die nächste Saat zu bereiten.

Wilde Tiere werden als Haustiere gehalten werden. Der Löwe wird neben dem Lamm schlafen. Kinder werden ohne Gefahr mit Schlangen spielen.

Niemand wird mehr arm oder obdachlos sein. Die Menschen werden leben, um die Früchte ihrer Arbeit zu genießen. Jeder Mann wird eigenen Besitz haben, seinen eigenen Weinstock oder Feigenbaum.

Der Tod wird praktisch auf Urlaub sein. Gläubige werden in dieser Zeit gar nicht sterben. Nur die, welche gegen den König aufbegehren, werden getötet werden. Ein Sünder, der mit hundert stirbt, wird als Kind gelten.

Die Unwissenheit über die Bibel wird verschwinden. Die Erde wird voll sein von der Erkenntnis des Herrn.

Krieg wird nicht mehr geben. Schwerter werden zu Pflugscharen und Speere zu Winzermessern umgeschmiedet. Das bedeutet, dass all das Geld, das jetzt in Rüstung investiert wird, der Landwirtschaft zugute kommt.

Christus wird auf Davids Thron regieren. Die Stadt Jerusalem wird das Zentrum der Welt sein – religiös, wirtschaftlich und politisch.

Israel wird zum Haupt der Völker erhoben. Andere Völker werden nur soweit von Bedeutung sein, als sie irgendwie in Beziehung zu Israel stehen.

Heidnische Völker werden nach Jerusalem kommen, um anzubeten. Die, welche das nicht tun wollen, werden mit Pest und Dürre geschlagen.

Babys, die in dieser Zeit geboren werden, haben auch die sündige Natur in sich und müssen von neuem geboren werden. Errettet wird, wie zu jeder Zeit, wer an den Herrn glaubt. Nicht alle werden sich dem Heiland anvertrauen.

Die Probleme der Gesellschaft werden im Großen und Ganzen der Vergangenheit angehören. Von Konjunkturrückgang und Wirtschaftskrise wird nur noch im Geschichtsbuch zu lesen sein. In der Politik wird es keine Bestechung und keine Korruption mehr geben. Justizirrtümer kommen nicht mehr vor.

Keine falschen Religionen werden Menschen mehr in Unwissenheit und Armut halten. Die Gesellschaft wird so gut wie keine Scheidungen, Ehebrüche, Abtreibungen, Unmoral, Kindesmissbrauch oder Pornographie kennen. Drogenmissbrauch und Alkoholsucht kommen so selten vor wie Mord.

Mit den Sorgen um die Umwelt ist es vorbei. Kein Regierungsorgan wird Gesetze gegen die Umweltverschmutzung erlassen müssen.

Kurz vor Ende des Tausendjährigen Reiches wird Satan aus dem Abgrund auftauchen, eine Armee versammeln von den vier Enden der Erde und nach Jerusalem marschieren, um den König vom Thron zu stürzen. Feuer vom Himmel wird ihn und seine Armee verzehren, und er wird in den Feuersee versenkt werden.

Sensation über Nacht – das Ende der Welt

Am Ende des Tausendjährigen Reiches werden die Atmosphäre, der Bereich der Sterne und die Erde, wie sie jetzt sind, aufgelöst. Der Apostel Paulus schreibt: »Die Himmel werden mit gewaltigen Geräusch vergehen und die Elemente werden im Brand aufgelöst werden, sowohl die Erde als auch die Werke auf ihr werden verbrannt werden.« Es hört sich fast wie eine umfassende nukleare Explosion an, aber das muss nicht unbedingt so sein. Wir wissen allerdings, dass wenn diese passiert, die Zeit nicht mehr existieren wird; die Ewigkeit hat begonnen.

Zugrundeliegende Bibelstellen: Jesaja 2,1-5; 12; 32,1-5; 35,1-7; 54; 60; 61; 65,17-25; 66,10-24; Offenbarung 20,4-6; 2. Petrus 3,10.

Eine Liebesbeziehung ohne Ende – Neue Himmel und eine neue Erde

Dann werden neue Himmel und eine neue Erde da sein, die von absoluter Gerechtigkeit gekennzeichnet ist. Das ist der ewige Zustand, nach dem sich die Schöpfung all die Zeitalter hindurch gesehnt hat.

Das Größte überhaupt ist, dass der Herr Jesus da sein wird, strahlend vor unbeschreiblicher Schönheit. Immer noch von Golgatha gezeichnet, wird Er jedes Auge blenden, wenn Er würdig geachtet wird, Macht, Reichtum, Kraft, Ehre, Herrlichkeit und Segnung zu empfangen. Dienende Engel werden den Thron umgeben, zusammen mit Gläubigen aus jedem Stamm, Volk, Sprache und Nation, nun mit ihren verklärten Leibern angetan. Die Gewölbe der Himmel werden widerhallen von den Gesängen der Erlösten, wenn sie die Würdigkeit des Einen erheben, der sie mit Seinem Blut erkauft hat.

Leiden, Grämen, Krankheit und Tod sind dann für immer vorbei. Gottes Volk wird frei sein von Angst, Entbehrung und Sorgen. Niemals wieder werden sie das Herz Christi durch Sündigen betrüben. Der Heiland selbst wird sie willkommen heißen in einer Welt ohne Bedauern, Verfolgung, Missverständnisse, Versuchung, Versagen oder Schwachheit. Er wird für jedes Bedürfnis sorgen und jedes Verlangen stillen. Wie herrlich wird es sein, wenn wir immer tiefer vordringen werden in die Wunder der natürlichen und geistlichen Schöpfungen Gottes, die Er uns dann enthüllen wird! Gläubige werden erkennen, wie all ihre Gebete entsprechend Seiner unendlichen Liebe, Weisheit und Macht beantwortet wurden, und wie der Herr ihnen nahe war, als Er am weitesten weg zu sein schien.

Menschliche Worte sind zu schwach, um die Herrlichkeit dieses ewigen Zustandes zu beschreiben, und menschliche Gedanken sind unfähig, sich die erhabene Vollkommenheit jener Welt auszumalen.

Zugrundeliegende Bibelstellen: Offenbarung 4,8-11; 5,8-14; 21,1-27; 22,1-14.

Von Angesicht zu Angesicht – Gericht vor dem Großen Weißen Thron

Dies ist das Gericht über die Ungläubigen aus allen Epochen. Die unerlösten Toten werden aus ihren Gräbern auferstehen und die, welche noch leben, werden mit ihnen vor dem Thron stehen. Christus wird der Richter sein. Alle, die hier erscheinen, sind bereits schuldig, weil sie nicht an den Herrn geglaubt haben. Das Gericht wird den Grad ihrer Bestrafung festlegen, je nachdem, wie sehr sie das Entgegenkommen Gottes missachtet und das Böse genossen haben. Es wird eine Abstufung des Leidens in der Hölle geben, genauso, wie auch der Lohn im Himmel unterschiedlich ausfallen wird. Die, deren Namen nicht im Buch des Lebens aufgeführt sind, werden in den Feuersee geworfen. Das ist der zweite Tod.

Zugrundeliegende Bibelstelle: Offenbarung 20,11-15.

Wie bald?
Auf die Plätze ... fertig ...

Wir sehen uns nun diesen Fragen gegenübergestellt: »Wann wird das alles anfangen? Gibt es heute Anzeichen dafür, dass es bald soweit sein könnte?«

Die Bibel macht sehr deutlich, dass niemand den Zeitpunkt der Entrückung weiß. Jeder, der hier ein Datum festlegen will, gehorcht nicht der Schrift und wird bald als falscher Prophet entlarvt werden.

Allerdings, obwohl wir den Zeitpunkt nicht kennen – was wir doch sicher sagen können, ist, dass einige Anzeichen darauf hindeuten, dass die Zeit nahe ist. Kommende Ereignisse werfen ihre Schatten voraus.

Wenn wir dieses Thema behandeln, müssen wir uns daran erinnern, dass wir beim Kommen Christi von zwei Phasen gesprochen haben. Zuerst kommt Er in die Atmosphäre, um Seine Heiligen zu sich zu holen, damit sie bei Ihm im Himmel sind. Dann, mindestens sieben Jahre später, kommt Er mit Seinen Heiligen zur Erde, um tausend Jahre lang mit ihnen zu regieren.

Während es für die Entrückung keine vorausgehenden Zeichen gibt, müssen vor Seinem Kommen, um zu herrschen, bestimmte Bedingungen erfüllt sein. Was wir heute sehen, ist, dass zwischen diesen vorausgesagten Bedingungen und gegenwärtigen Ereignissen Ähnlichkeiten bestehen. Wenn also vieles, was heute passiert mit vielem, was vor Seinem zweiten Kommen passieren wird, übereinstimmt, wie viel näher ist dann die Entrückung! Sehen wir uns einige dieser »Strohhalme im Wind« näher an.

Die Bibel zeigt deutlich, dass das Zentrum des Weltgeschehens sich immer mehr in den Mittleren Osten verlagert, je mehr wir uns der Endzeit nähern. Die Prophetie beschäftigt sich vor allem mit Israel und Ländern dieser Region, die kommerziell oder politisch Verbindung zu Israel haben oder seine Feinde sind.

Verschiedene Länder des Mittleren Ostens treten neuerdings mehr in den Vordergrund. Wir könnten Syrien, Iran (Persien), Irak, Libanon, Ägypten und Saudi-Arabien nennen. Der Irak ist das Assyrien in der Prophetie des Alten Testaments; sein Führer war der König des Nordens. Der König des Südens war der Herrscher von Ägypten.

Westliche Länder, einschließlich der Vereinigten Staaten, spielen in der Prophetie keine hervorstechende Rolle. Wenn man einen Schluss ziehen kann, dann diesen, dass sie wirtschaftlich, politisch und religiös verfallen werden. Macht und Führung werden vom Westen auf den Mittleren Osten übertragen werden.

Die Gründung des Staates Israel im Jahr 1948 war und ist von sehr großer Bedeutung. Jesus sagte, wenn wir den Feigenbaum knospen sehen, dann dürfen wir wissen, dass das Reich Gottes nahe ist. Der Feigenbaum steht symbolisch für Israel. Wir sehen den Feigenbaum treiben. Er hat Blätter, aber trägt noch keine Frucht. Zum ersten Mal seit Jahrhunderten haben die Juden eine Existenz als Nation und ein Heimatland. Das bedeutet, dass das Reich Gottes nahe ist. Es steht direkt vor der Tür.

Wir könnten das Aufkommen des Nationalismus nennen. Jesus sprach nicht nur vom knospenden Feigenbaum, sondern von »all den Bäumen«. Wenn der Feigenbaum für Israel steht, dann bezieht sich »all die Bäume« eindeutig auf andere Nationen. Wir sind vor nicht langer Zeit Zeugen gewesen, wie die Kolonialregierungen abgegeben wurden und neue Länder aus dem Boden schossen. Wir befinden uns in einer Zeit neuen Nationalbewusstseins.

Vor über 2500 Jahren sagte der Prophet Hesekiel voraus, dass Israel im Unglauben ins Land zurückkehren würde. Das ist genau die Beschreibung des Volkes, wie es heute ist. Er prophezeite, dass das Volk erst nach seiner Rückkehr und nach dem zweiten Kommen Christi von seinen Sünden gereinigt würde.

Jerusalem wird ein Unruheherd werden. Der Prophet Sacharja sprach die Worte Gottes, als er sagte: »Siehe, ich mache Jerusalem zu einer Taumelschale für alle Völker rings um. Und auch über Juda: Es wird in Bedrängnis geraten zusammen mit Jerusalem. Und es wird geschehen an jenem Tag, da mache ich Jerusalem zu einem Stemmstein für alle Völker: Alle, die ihn hochstemmen wollen, werden sich wundreißen. Und alle Nationen der Erde werden sich gegen es versammeln.« Jerusalem ist zur Hauptstadt Israels ernannt worden, obwohl es noch nicht überall als solche anerkannt wird. Und es wird schon darüber diskutiert, die Stadt international zu machen. Außerdem planen einige Juden, den Tempelberg einzunehmen und den Tempel wieder aufzubauen.

Das TIME-Magazin bezeichnete den Tempelberg als die 39 explosivsten Morgen Land auf der Welt.

Wir können sehen, wie falsche Religionen überhand nehmen, die sich als christlich bezeichnen, aber jede grundlegende Lehre des Glaubens verleugnen. Durch Nachahmung wirken sie täuschend echt. Die Bibel bringt dieses Phänomen mehrmals mit den letzten Tagen in Verbindung.

Die künftige Wiederentstehung des Römischen Reiches kommt in vielen biblischen Bildern und Symbolen vor. Wir könnten seinen Vorläufer in der EG sehen, die im Vertrag von Rom gegründet wurde. Ein Kommentator beschreibt die EG als »eine gewaltige Einheit mit der Macht, die Welt zu beherrschen«.

Die Welt hält Ausschau nach einem Supermann, der die Macht übernimmt. Henry Speck, einer der Gründer der EG, sagte: »Wir wollen kein weiteres Komitee. Wir wollen einen Mann von Format, dem alle untertänig folgen, und der uns herausführen kann aus dem ökonomischen Schlamassel, in das wir uns selbst hineinmanövriert haben.« Das Versagen der Regierungen, Recht und Ordnung aufrecht zu erhalten und den Terrorismus einzudämmen, schafft das ideale Klima für einen Weltdiktator. Die großen Spitzenpolitiker führen ständig die Parole »neue Weltordnung« im Munde.

Die ökumenische Bewegung erinnert uns an das, was wir in Offenbarung 17 finden. Vor einigen Jahren wäre es undenkbar gewesen, dass bekennende Christen, Juden, Buddhisten, Hindus, Moslems, Konfuzianer, Schintoisten, Bahaisten und Parsen zusammenkommen, um sich in ihren Unterschieden anzugleichen. Jetzt hören wir dauernd, dass Führer der großen Weltreligionen zusammentreffen, um über die Möglichkeit zu sprechen, sich in einer Weltkirche zu vereinigen. Im Oktober 1986 bestellte der Papst Johannes Paul II. die Repräsentanten von zwölf größeren Weltreligionen nach Assisi, um für den Weltfrieden zu beten. Auch ein afrikanischer Zauberer war dabei. Die Bibel nennt eine solche Formation »Babylon die Große, die Mutter der Huren«. Dieses absurde System erträgt jede Form von Religion, außer biblisches Christentum. Der Abfall der Christenheit ist über uns hereingebrochen.

Der Apostel Paulus sagt uns, dass Gottes Gericht kommen wird, wenn die Leute über »Friede und Sicherheit« reden. In 1. Thessalonicher 5,3 steht: »Denn wenn sie sagen ›Friede und Sicherheit‹, kommt ein plötzliches Verderben über sie, gleichwie die Wehen über eine Schwangere, und sie werden nicht entfliehen.« Die Vereinten Nationen haben bereits eine Versammlungshalle in Wien mit dem Motto »Friede und Sicherheit« über dem Eingang. Aber die traurige Tatsache ist, dass es keinen Frieden gibt. Es ist genauso, wie die Bibel vorausgesagt hat. Die Menschen werden sagen: »Friede, Friede«, wenn gar kein Friede ist. Es wird nie Frieden auf Erden geben, bis Jesus das Zepter der Weltherrschaft in Seiner von Nägeln durchbohrten Hand hält.

Die Menschen werden leugnen, dass Gott ins Weltgeschehen eingreifen kann oder wird. Es ist heute sehr verbreitet, über die wörtliche Auslegung der Bibel in Bezug auf das Kommen Christi zu spötteln.

Jesus sagte vorher, dass falsche Messiasse aufstehen würden. Moon ließ sich kürzlich als der wahre Messias ausrufen. Andere östliche Gurus erheben ähnlich lautstark Anspruch auf Ergebenheit der Leute. Die Buddhisten warten auf das Erscheinen des Maitreya Buddha, ein messias-ähnlicher Weltlehrer. Die Zahl solcher Betrüger wächst.

Jesus erwähnte auch die Häufung von Erdbeben. Weltliche Informationsquellen betonen das zunehmende Vorkommen von Erdbeben auf der ganzen Erde.

In Offenbarung 16,12 erfahren wir, dass der Fluss Euphrat in der Zeit der Trübsal austrocknen wird, so dass Könige des Ostens hindurchmarschieren könnten. Das Unvorstellbare ist plötzlich möglich geworden. Um den neuen Ataturk Stausee teilweise zu füllen, leitete die Türkei im Januar 1990 einen Teil des Euphrat um. Damit der Stausee ganz voll wird, müsste die Türkei den Euphrat ca. zwei Jahre lang aufhalten. Das würde wahrscheinlich zu Schwierigkeiten mit den Nachbarländern führen.

In der Endzeit wird ein drastischer Verfall der moralischen Werte in der Welt stattfinden. Die Tagesnachrichten liefern hierfür ausreichend Beweise. Homosexualität, Abtreibung, Pornographie und grobe Unmoral werden ohne den geringsten Widerspruch akzeptiert.

Die Menschen werden gewalttätig und ungehorsam werden. Ein Geist der Gesetzlosigkeit nimmt in den Familien, im staatlichen Leben, in den Schulen und in den Kirchen überhand.

Eine anwachsende Welle des Spiritismus wird die Welt überrollen. Als Jesus das erste Mal kam, ereignete sich eine ausgedehnte Invasion von Dämonen in der Welt. Es scheint, dass sich das bei Seinem zweiten Kommen wiederholen wird.

Es gibt weltweit Kirchen, die der Anbetung Satans dienen. Menschen geben sich als weiße und schwarze Hexen zu erkennen. Der Gebrauch bewusstseinsverändernder Drogen hat Menschenleben für den Einzug von Dämonen geöffnet. Besessenheit ist für viele der kopflosen Morde und Selbstmorde verantwortlich. (Die Absicht eines Dämons ist immer, zu zerstören.) Satanismus ist eine der am schnellsten wachsenden Subkulturen unter der Jugend.

Es laufen Bemühungen, die Stadt Babylon wieder aufzubauen. Was jahrhundertelang nicht viel mehr als ein Erdhügel in der Wüste war, erlangt plötzlich wieder Berühmtheit. Um die Prophetie der Bibel zu erfüllen, muss Babylon wieder erbaut werden, dann restlos zerstört, und für immer unbewohnt zurückgelassen werden.

Durch den Bau nuklearer Waffenarsenale erlangen Fragen dieser Art immer mehr Bedeutung: »Wer vermag mit ihm den Kampf aufzunehmen?«, das heißt, mit dem Antichrist.

Die Schrift beschreibt, dass die Ereignisse auf dem ganzen Planeten gleichzeitig gesehen werden. Die Einrichtung des Fernsehers auf der ganzen Welt könnte das Mittel sein, um diese Voraussage zu erfüllen.

Alle, die vor dem Antichrist niederfallen, werden kaufen und verkaufen können. Eine leichte Methode, sie zu identifizieren, wäre durch winzige chirurgische Einpflanzungen in der Haut von Stirn oder Hand. Ein elektronischer Scanner werde dort die Zahl 666 ablesen.

Voraussagen über weltweite Seuchen mögen unwahrscheinlich erscheinen, angesichts des Vorhandenseins moderner Antibiotika. Aber durch die Existenz des Flugverkehrs können sich Seuchen schneller über die ganze Welt ausbreiten als jemals zuvor. Die AIDS-Epidemie dient als Warnung in

Bezug auf die Zahl von Todesopfern, die bevorsteht. Einige Experten sagen voraus, dass 25% der Bevölkerung Afrikas in zehn Jahren gestorben sein wird.

Dies alles sind »Strohhalme im Wind«, Vorschatten von Ereignissen, die in der Trübsal oder beim zweiten Kommen Christi passieren werden. Die Bibel sagt nicht, dass sie sich vor der Entrückung ereignen werden, jedoch vor Seinem Erscheinen in Herrlichkeit. Wenn das so ist, und wenn wir heute beobachten, wie sich diese Trends entwickeln, dann muss man logischerweise den Schluss ziehen, dass die Entrückung sehr nahe ist.

»Also auch ihr, wenn ihr alles dieses sehet, so erkennet, dass es nahe an der Tür ist« (Matthäus 24,33).

Zugrundeliegende Bibelstellen: Jesaja 19,23; 60,13; Hesekiel 38,5; Daniel 11,40-45; Lukas 21,29; Hesekiel 36,24.25; Sacharia 12,2-3; 2. Timotheus 3,8; Daniel 2,41.42; 7,7.24; Offenbarung 13,1-10; Hesekiel 28,1-10; Daniel 7,7-8,20-26; 8,23-25; 9,26.27; 11,36-45; 2. Thessalonicher 2,3-12; Offenbarung 17,8-14; 1. Thessalonicher 5,3; Jeremia 6,14; 2. Petrus 3,3.4; Matthäus 24,5.24; 24,7; Lukas 21,11; 2. Timotheus 3,1-5; 1. Thessalonicher 2,7.8; 1. Timotheus 4,1-3; Offenbarung 13,4; 1,7; Matthäus 24,7; Offenbarung 11,6.

Bedenke die Zeit: Wenn nicht Jetzt, wann dann?

Eine Botschaft für die Unentschlossenen

Die Absicht der Prophetie ist nicht, die Phantasie anzuregen, sondern den Willen wachzurütteln. Sie ist dazu bestimmt, die »Menschen warnend auf das Kommende hinzuweisen«, damit sie jetzt klug handeln.

Wenn Sie nicht gerettet sind, dann ist die Botschaft für Sie eindeutig. Vertrauen Sie gleich jetzt Jesus als Ihrem Herrn und Heiland. Wenn Sie warten, bis Er kommt, wird es zu spät sein. Wenn Er kommt, werden Ihre gläubigen Verwandten, Freunde und Nachbarn Sie verlassen und Sie werden zurückbleiben und den Zorn Gottes ertragen müssen. Sie haben alles zu gewinnen und nichts zu verlieren, wenn Sie Christus aufnehmen als einzige Hoffnung, um in den Himmel zu kommen.

Es zahlt sich aus, Beziehungen zu haben

Falls Sie unsicher sind, wie Sie das machen sollen, hier steht es:

Als Erstes, gestehen Sie vor Gott ein, dass Sie ein

Sünder sind, dass Ihre Sünden die ewige Bestrafung verdienen und dass Sie, würden Sie jetzt sterben, in der Hölle wären.

Als Zweites müssen Sie erkennen, dass Sie sich nicht selbst retten können. Weder mit Ihrem Charakter, noch mit guten Werken, Taufe, Kirchenzugehörigkeit, religiösen Eltern oder irgendeiner menschlichen Errungenschaft können Sie sich den Himmel erkaufen.

Als Nächstes, glauben Sie, dass Jesus Christus an Ihrer Stelle starb und damit die Strafe bezahlt hat, die Ihre Sünden verdient hatten, indem Er den Zorn Gottes ertrug, den Sie hätten ertragen müssen. Es ist wahr, dass Er für die Welt starb. Beziehen Sie das auf sich: Glauben Sie, dass Er für Sie starb.

Schließlich, nehmen Sie Ihn durch einen konkreten Akt des Glaubens als Herrn Ihres Lebens und Retter von Ihren Sünden an. Wenn Sie das tun, dann rettet Gott Sie, und Sie können sich dessen gewiss sein, weil Er es in Seinem Wort sagt.

Alles zu gewinnen –

Sie sollten wirklich dem Herrn Jesus vertrauen.

- Es ist die wichtigste Entscheidung, die Sie je treffen werden.

- Es geht darum, zwischen Himmel und Hölle zu wählen, zwischen ewigem Leben und ewiger Verdammnis.
- Sie werden alles gewinnen und nichts verlieren, außer Ihre Sünden.
- Sie riskieren nichts, wenn Sie Ihm vertrauen.
- Sie brauchen nichts dafür zu bezahlen. Die Errettung ist ein Geschenk.

Viel zu verlieren –

Sie sollten wirklich gleich jetzt dem Herrn Jesus vertrauen.

- Aufschub könnte fatal sein.
- Das Leben ist unsicher.
- Der Tod ist sicher.
- Die Zeit ist kurz.
- Das Kommen Christi rückt näher.

Nochmals, wenn nicht jetzt, wann dann?

Zugrundeliegende Bibelstellen: Römer 3,23; Lukas 13,3.5; Epheser 2,9; Titus 3,5; 1. Korinther 15,3.4; Johannes 3,16; Apostelgeschichte 16,31; Römer 10,9; 1. Johannes 5,13.

Eine Botschaft für die Entschlossenen

Das Studieren von Prophetie bewegt uns zur Anbetung. Es stellt uns unseren Herrn vor als Gott der Schöpfung, der Erlösung und der Vorsehung. Wir sehen Seinen absoluten Triumph über Sünde, Satan und Tod. Prophetie verherrlicht auch den Heiland. »Der Geist der Weissagung ist das Zeugnis von Jesus« (Offenbarung 19,10). Das bedeutet, dass die Absicht von Prophetie ist, der Person und dem Werk Jesu Zeugnis zu geben.

Jemand hat ganz weise gesagt, dass wir uns beim Studium der Prophetie nicht so sehr vom Ablauf der Dinge erfüllen lassen sollten, so dass wir die Person aus den Augen verlieren. Er muss in unseren Herzen im Rampenlicht stehen. Um uns darin zu unterstützen, finden wir im ganzen Buch der Offenbarung großartige Anbetungslieder.

Die Hoffnung auf das Kommen Christi wirkt sich reinigend auf das Leben Seiner Nachfolger aus. Johannes schreibt: »Jeder, der diese Hoffnung zu Ihm hat, reinigt sich selbst, gleichwie Er rein ist.« Wenn wir wirklich jeden Moment erwarten, dass Er kommt, dann wollen wir nicht, dass Er uns beim

Wühlen in schlechten Gedanken oder beim Begehen sündiger Taten findet. Wir werden aufpassen, welche Orte wir besuchen, wovon wir uns geistlich ernähren und mit welchen Leuten wir Gemeinschaft pflegen.

Die Aussicht auf die Wiederkunft des Heilands gibt uns eine Last, für die Verlorenen zu beten und ihnen Zeugnis zu geben. Wir sollten unerschrocken sein, wenn wir Ihn vor anderen bekennen. Mit der Entrückung ist für unsere Verwandten, Freunde und Nachbarn jede Gelegenheit vorbei, errettet zu werden. Wir dürfen unserer Zurückhaltung nicht nachgeben, sondern wie Paulus sagte, mit allen Mitteln einige erretten.

Es wird uns helfen, im Leben als Christen auszuhalten, wenn wir im Licht Seiner baldigen Wiederkunft leben. Wir werden dann daran denken, dass unsere Versuchungen und Leiden Nadelpikser sind im Vergleich zu der Herrlichkeit, die in uns offenbart werden soll. Sie sind leicht wie Federn, verglichen mit dem ewigen Gewicht der Herrlichkeit.

Vorfreude auf Christi bevorstehende Wiederkunft bewegt uns, Ihm in allem, was Er geboten hat, zu gehorchen. Es gibt Gebote, die wir jetzt befolgen können, aber im Himmel nicht mehr. Ein Beispiel ist die Taufe. Ist ein Gläubiger ungetauft, wenn der

Herr Jesus kommt, wird er in alle Ewigkeit ungetauft bleiben. Das Mahl des Herrn ist ein anderes Beispiel: Er bittet uns, Seinen Tod zu verkündigen, bis Er kommt. Versagen auf diesem Gebiet hat eine gewisse Endgültigkeit an sich.

Der Wert materieller Besitztümer verfällt, je näher Sein Kommen rückt. Wenn Er gerade jetzt käme, wäre alles, was wir besitzen, nichts wert für uns. Das bedeutet, dass wir uns einen einfachen Lebensstil aneignen sollten, indem wir alles, was wir nicht direkt zum Leben brauchen, Seinem Werk und Seiner Sache zukommen lassen. Menschen, die auf eine lange Reise gehen, sollten wenig Ballast mitschleppen.

Wir sollten jetzt so leben, dass sich unsere geistlichen Führer beim Kommen Jesu nicht wegen uns schämen müssen. Das meint Johannes, wenn er schreibt: »Und nun Kinder, bleibt in ihm, damit wir Freimütigkeit haben und nicht vor ihm beschämt werden bei seiner Ankunft.«

Es drängt uns dazu, uns bei jedem, dem wir Unrecht getan haben, zu entschuldigen und, wo nötig, Dinge wieder gut zu machen. Es ist ein Irrtum, wenn wir meinen, dass all diese Dinge beim Kommen Christi ausgelöscht sein werden. Das ist nicht der Fall. Wir werden ihnen am Richterstuhl Christi wieder begegnen. Es ist besser, sich jetzt darum zu kümmern. In jedem Fall sollte unser Haus in Ordnung sein.

Wenn wir nach Seiner Rückkehr Ausschau halten, drängt uns das zu eifrigem Dienst, wissend, dass die Nacht kommt, wo niemand wirken kann. Jeder, der die Absicht hat, dem Herrn zu dienen, sollte damit nicht bis später warten. Er sollte sich beeilen. Die Zeit ist kurz.

Die Entrückung ist sowohl eine trostreiche Hoffnung, als auch ein Ansporn für Mäßigung, Sanftmut und freundliche Verständigkeit. Sie ist ein Motiv für Liebe und Einheit.

Wir sollten jeden Tag im Lichte des Richterstuhls Christi leben, wo unser Dienst beurteilt werden wird. Dann werden wir entweder belohnt werden oder Schaden erleiden, aber unsere Errettung ist uns sicher. Wenn wir den Richterstuhl im Auge behalten, werden wir erkennen, wie wahr diese Zeilen sind:

»Du hast nur ein Leben – bald wird's vergehen.
Nur was für Christus getan, bleibt bestehen.«

In Kürze: Die segensreiche Hoffnung betrifft jeden Bereich des Lebens eines Gläubigen. Jede Entscheidung, jeder Gedanke, jede Handlung sollte im Lichte Seines Erscheinens erwogen werden.

Die Worte »vielleicht heute« werden dann mehr sein als nur ein Wahlspruch an der Wand; sie werden eine Wahrheit sein, nach der sich unser Leben ausrichtet.

Zugrundeliegende Bibelstellen: Offenbarung 1,5b-6; 5,9-10; Johannes 14,15; Apostelgeschichte 10,48a; 1. Thessalonicher 5,23; Lukas 22,19-20; 1. Johannes 3,3; Matthäus 6,19; Römer 8,18; Johannes 9,4; 2. Korinther 4,17; 1. Thessalonicher 1,9-10a; Philipper 4,5; 1. Korinther 3,11-15; 2. Korinther 5,10.

Das Wichtigste in Kürze ...

Was kommt als Nächstes? Jesus wird kommen

In welcher Zeit leben wir? Es hat noch nie in der Weltgeschichte eine Zeit gegeben, wo so vieles darauf hindeutete, dass Sein Kommen sehr nahe ist. Dave Hunt sagt: »Es ist aufregend, festzustellen, dass keine Generation je einen soliden biblischen Grund gehabt hat zu glauben, dass sie in den allerletzten Tagen lebt, vor dem zweiten Kommen Christi – keine Generation, außer der unseren.«

Was tun? Wenn Sie kein echter Christ sind, dann sollte Sie die Wahrheit über das Kommen Christi zur Umkehr von Ihren Sünden führen, zur vollen Übergabe Ihres Lebens an Ihn als Herrn und Heiland.

Wenn Sie ein echter Christ sind, dann kann es nur bedeuten, dass Sie Ihr ganzes Leben in dem beständigen Bewusstsein verbringen sollten, dass Er jeden Moment erscheinen könnte.

Vielleicht heute!

clv

Paperback

D. Hunt
Jerusalem
- Spielball der Völker

Paperback, 448 Seiten
ISBN: 3-89397-250-1

Dave Hunt schildert die 3000 Jahre Ruhm und Schande Jerusalems sowie das aktuelle Ringen um die Stadt der drei Weltreligionen. Er stellt eine schier unglaubliche Fülle an brisanten politischen und religiösen Hintergrundinformationen in biblisches Licht und zeigt eingetroffene wie bevorstehende Prophezeiungen aus dem Wort Gottes auf.
Ein beträchtlicher Teil des Buches beschäftigt sich ferner mit dem Islam. Ist Allah Jahwe, sind Koran und Bibel gleichbedeutend? Welche Mächte und Motive stecken hinter dem weltweiten Terrorismus muslimischer Fundamentalisten? Besteht für das jüdische Volk die Gefahr eines erneuten Holocaustes? Ein spannendes, informatives und aufrüttelndes Sachbuch.

Hardcover

CLV

W.J.J. Glashouwer
So entstand Israel

gebunden, vierfarbig, 180 Seiten
ISBN: 3-89397-331-1

Dieses reich bebilderte Werk nimmt den Leser mit in die Welt des AT und besonders des auserwählten Volkes.
Es ist Lesebuch zur Geschichte Israels, weckt Freude am Lesen des Alten Testaments und lässt es zu einem faszinierenden Abenteuer werden.
»So entstand Israel« vervollständigt die Reihe der wertvollen Bildbände »So entstand die Welt« und »So entstand die Bibel«.